C.W.Leadbeater: Das höhere Selbst

Charles W. Leadbeater

Das höhere Selbst

Aquamarin Verlag

Deutsche Buch-Erstveröffentlichung

Nachdruck mit freundlicher Genehmigung
der Theosophischen Gesellschaft Adyar
aus der Zeitschrift „Theosophie"
(Jahrgang IV, 1913/14)

Das Titelbild zeigt ein Gemälde
von Herbert Maier

ISBN: 3-922936-16-4

© Aquamarin-Verlag, 1982
Flurstraße 5, 8011 Forstinning/München

Satz und Druck:
Jürgen Mayer KG · 8300 Kumhausen/Landshut

Inhaltsverzeichnis

Kap. I
Die Wahrnehmungsbereiche des Menschen 7

Kap. II
Die höheren Körper 19

Kap. III
Die Astralwelt 29

Kapt. IV
Die Mentalwelt 39

Kap. V
Die Kausalwelt 51

Kap. VI
Das Höhere Selbst 57

Kap. VII
Nirvana 69

Die Wahrnehmungsbereiche des Menschen

Schüler, die jenes Bewußtsein in sich noch nicht entwickelt haben, das bisher das „buddhische" — das Bewußtsein in der Welt der Intuition — genannt wurde, bitten uns oft, dieses zu beschreiben. Nach dieser Richtung sind schon große Anstrengungen gemacht worden, und oft genug findet man in unseren Schriften Bemerkungen über dieses Bewußtsein und seine charakteristischen Merkmale eingestreut. Doch den nach Wissen Strebenden können diese nicht befriedigen und wir können uns darüber nicht wundern.

In Wahrheit sind alle Beschreibungen notwendigerweise aus ihrem eigensten Wesen heraus mangelhaft; es ist unmöglich, mit physischen Worten mehr als nur eine Andeutung dessen zu machen, was dieses höhere Bewußtsein wirklich ist, denn das physische Gehirn ist unfähig, die wahre Wirklichkeit zu erfassen. Wer Mr. Hintons bemerkenswertes Buch von der vierten Dimension gelesen hat, wird sich erinnern, wie er es versucht, uns unsere eigene Beschränktheit in bezug auf Erkenntnis höherer Dimensionen zu erklären, indem er uns sorgfältig und bis ins kleinste die Lage eines Wesens vor Augen führt, dessen Sinne nur in zwei Dimensionen zu arbeiten vermögen. Er beweist, daß für ein solches Wesen die einfachsten Handlungen unserer Welt unverständlich sein müssen. Ein Geschöpf, das kein Empfinden hat für das, was wir Tiefe oder Dichtigkeit nennen, könnte einen irdischen Gegenstand nie so wahrnehmen, wie er wirklich ist; es könnte nur einen Teil davon beobachten und würde deshalb selbst schon von den allergewöhnlichsten Gegenständen des täglichen Lebens absolut falsche Eindrücke erhalten, während unsere Kräfte in Bewegung und Fähigkeit gänzlich unverständlich für dasselbe sein würden.

Die Schwierigkeiten, denen wir begegnen, wenn wir versuchen, die Erscheinungen der astralen Welt zu verstehen, sind genau jene, die Mr. Hinton seine zweidimensionalen Wesen empfinden läßt; aber wenn wir versuchen, unsere Gedanken zur Welt der Intuition zu erheben, so haben wir einen Zustand des Seins ins Auge zu fassen, der nach nicht weniger als sechs Dimensionen hin belebt ist, wenn wir für diese Welt dieselben Namen und Bezeichnungen weiter gebrauchen dürfen. So fürchte ich, von vornherein zugestehen zu müssen, daß jeder Versuch, dieses höhere Bewußtsein zu erfassen, schon den Keim des Mißlingens in sich trägt; und doch ist es nur zu natürlich, daß sich in der Seele des Schülers unaufhörlich der Wunsch regt, wieder und wieder den Versuch zu machen, etwas davon zu erfassen. Ich wage nicht zu behaupten, daß das, was ich sage, dieses Sehnen befriedigen könnte; das

Äußerste, was sich hoffen läßt, ist, einige neue Gedanken zu bringen und der Sache von einem etwas anderen Gesichtspunkte aus nahezutreten.

Die Monade*) unterliegt in ihrer eigenen Welt tatsächlich keiner Begrenzung, wenigstens insofern unser Sonnensystem in Betracht kommt. Aber auf jeder Stufe ihres Herabsteigens in die Materie hüllt sie sich nicht nur tiefer und tiefer in Schein und Täuschung, sondern verliert tatsächlich ihre Kräfte. Wenn auch angenommen werden kann, daß sie zu Beginn ihrer Evolution fähig ist, sich in unbegrenzte Richtungen des Raumes, die wir Dimensionen nennen, zu bewegen und zu schauen, so löst sie doch bei jedem Herabsteigen eine dieser Dimensionen ab, bis für das Bewußtsein des physischen Gehirns nur noch drei übrigbleiben. So sehen wir denn, daß wir durch diese Involution in die Materie von allem Erkennen der uns umgebenden Welten, bis auf einen geringen Teil, abgeschnitten sind; und nicht genug an dem, das was uns bleibt, sehen wir auch noch gänzlich unvollständig. Wir wollen uns bemühen, dem Verständnis für das höhere Bewußtsein näherzutreten, indem wir uns unsere Be-

---

*) Näheres darüber im Buche: Der sichtbare und der unsichtbare Mensch. Von C.W. LEADBEATER.

schränkungen eine nach der anderen wegdenken; und obwohl wir trotzdem unter ihrer Herrschaft stehen, selbst während wir sie so hinwegzudenken versuchen, so mögen uns diese Bemühungen möglicherweise doch einen schwachen Schatten der Wirklichkeit beibringen.

Wir wollen mit der physischen Welt beginnen. Das erste, was uns auffällt, ist, daß sogar unser Bewußtsein von dieser Welt merkwürdig unvollständig ist. Der Schüler braucht sich darüber nicht zu wundern, denn er weiß, daß wir gegenwärtig eben gerade die Mitte der vierten Runde überschritten haben, und daß der Durchschnitt der Menschheit erst in der siebenten Runde ein vollkommenes Bewußtsein von einer Welt erreichen wird. Die wahre Ursache dafür ist, daß unser Leben in Begrenzungen und Beengungen gefesselt liegt, die wir nur nicht fühlen, weil wir sie immer ertragen haben, und weil der Durchschnittsmensch keinen Begriff hat von einer Seinsmöglichkeit, in der sie nicht existieren. Nehmen wir drei Beispiele an, und wir wollen sehen, wie wir bezüglich unserer Sinne, unserer Kräfte und unseres Intellekts beschränkt sind.

Zuerst in bezug auf unsere Sinne. Nehmen wir z.B. den Gesichtssinn und schauen, wie merkwürdig unvollständig dieser ist. Unsere physische Welt besteht aus sieben Unterebenen oder Graden von dichter Materie, aber unser Gesichtssinn befähigt uns, nur zwei davon mit annähernder Vollkommenheit zu beobachten. Wir können für gewöhnlich feste Materie sehen, wenn sie nicht zu fein geteilt ist; wir können eine Flüssigkeit sehen, die nicht vollkommen klar ist; aber wir können absolut nicht gasförmige Materie unter gewöhnlichen Bedingungen sehen, außer in den seltenen Fällen, in welchen sie eine besonders leuchtende Farbe hat (wie in dem Fall von Chlor), oder wenn sie zufällig so dicht ist, so sehr komprimiert und in besonderer Weise bewegt wie in dem Fall, wenn sie sich von einer heißen Straße erhebt, wo dann die Luft manchmal gesehen wird. Die vier ätherischen Unterabteilungen der physischen Materie bleiben uns absolut unbekannt, soweit der Gesichtssinn dabei in Betracht kommt, obwohl das, was wir Licht nennen, nur mit Hilfe der Vibration einiger dieser Ätherarten dem Auge vermittelt wird.

Stellen wir uns imaginativ vor, frei von jeder Begrenzung, was für eine Wirkung es hätte, wenn wir die physische Welt wirklich voll und ganz erfassen würden. Ich ziehe hier nicht die Möglichkeit eines Wachstums der Sehkraft in Betracht, obwohl auch das im geeigneten Zeitpunkte kommen wird, so daß wir imstande sein werden, den Brennpunkt des Auges so zu verlegen, um nach

Wunsch ein wirkliches Teleskop oder Mikroskop daraus zu machen. Ich denke für den Moment nur an die erhöhte Anzahl von Gegenständen, die in den Bereich unseres Gesichtssinnes kommen würden, wenn dieser vollkommen wäre. Nichts wäre für uns mehr undurchsichtig, so daß wir durch eine Mauer sehen könnten, als wäre sie nicht hier, und den Inhalt eines verschlossenen Zimmers oder einer verschlossenen Kassette könnten wir mit größter Leichtigkeit untersuchen. Damit will ich jedoch nicht gesagt haben, daß ein Mensch mittels des ätherischen Gesichtssinnes durch einen Berg sehen könne oder unmittelbar durch die Erde auf ihre entgegengesetzte Seite; aber er könnte ein ziemliches Stück in einen Felsen hineinsehen und in eine beträchtliche Tiefe der Erde, gerade so, wie wir mehrere Fuß tief unter das Wasser bis auf den Grund eines klaren Teiches sehen können.

Wir können wohl einsehen, daß der Besitz einer solchen Fähigkeit nach vielen Richtungen hin praktischen Wert hätte und unser Wissen wohl nach vielen Seiten vervollkommnen würde. Alle ärztlichen Arbeiten könnten mit einer Sicherheit und Leichtigkeit vollbracht werden, wovon wir gegenwärtig keinen Begriff haben, und es gäbe weniger Fälle von ungenauer Diagnose. Wir könnten die Ätherkörper unserer Freunde sehen und wären so imstande, unfehlbar die Quelle und Ursache irgendeiner nervösen Verstimmung anzuzeigen. Eine ganz neue Welt würde sich dem Chemiker zur Beobachtung erschließen, denn er wäre dann fähig, mit dem Äther so umzugehen wie jetzt mit den Gasen. Unser Gesichtssinn würde uns sofort über die für unsere Gesundheit günstigen oder ungünstigen Zustände unserer Umgebung unterrichten, gerade so, wie uns jetzt unsere Nase auf die Gegenwart irgendwelcher in Fäulnis gegangenen Gegenstände aufmerksam macht. Wir würden es sofort sehen, wenn in der Nähe unliebsame Keime oder Unreinheiten irgendwelcher Art wären, und könnten entsprechende Vorsichtsmaßregeln treffen. Wir könnten die grossen Scharen der Feen, der Gnomen und der Undinen sehen, gerade so, wie wir jetzt Naturgeschichte oder Insektenkunde studieren können. Schon mit dieser geringen Vermehrung unserer Sinne wäre die Welt weitaus vollständiger und interessanter.

Das würde uns natürlich noch lange nicht über die physische Welt hinausheben; es würde uns nur befähigen, diese Welt voller zu erfassen; wir wären noch immer der Täuschung ausgesetzt, wir könnten uns noch immer in bezug auf Gedanken und Gefühle anderer irren. Wir wären noch immer für die schönste Seite des Lebens, das uns umgibt, blind, obwohl wir so viel mehr sähen als jetzt. Aber sogar mit dem vollkommensten physischen Gesichtssinne könnten wir von keinem Seienden das sehen, was es wirklich ist, sondern im besten Falle nur so viel, wie ein Spiegelbild uns zeigt. Das zweidimensionale Wesen könnte nie einen Würfel sehen; es wäre ganz unfähig, sich ein solches Ding wie einen Würfel vorzustellen, und seine, der Wirklichkeit am nächsten kommende Auffassung davon wäre die eines Durchschnittes desselben, d. i. eines Viereckes. Wie schwer es für uns auch sein mag, einen solchen Gedanken zu erfassen, so sehen wir doch in diesem Augenblicke nur einen Teil von allem, was uns umgibt; und weil es so ist, so halten wir viele Dinge für ähnlich, die in Wirklichkeit ganz verschieden sind — gerade so wie dem zweidimensionalen Geschöpfe das feinste Blättchen Metall ganz gleich erscheint wie ein schwerer Metallblock, dessen Basis dieselbe Gestalt und denselben Flächenraum hat.

Dann unsere Kräfte. Auch darin sind wir merkwürdig beschränkt. Wie kräftig ein Mensch auch sein mag, wie geschickt er in seiner physischen oder mentalen Eigenart sein mag, so kann er über einen festbegrenzten Umfang hinaus nicht arbeiten, ohne Müdigkeit zu empfinden. Die meisten Menschen wollen nicht zugestehen, daß diese Müdigkeit immer eine rein physische Unfähigkeit ist. Wir sagen, der Geist sei müde; aber der Geist kann nicht müde werden; nur das physische Gehirn, durch das der Geist sich ausdrücken muß, ist fähig, müde zu werden. Und selbst, wenn der Mensch frisch und kräftig ist, wie groß sind die Schwierigkeiten, seinen Gedanken einen vollkommen entsprechenden Ausdruck zu verleihen! Er muß zuerst versuchen, sie in Worte zu kleiden; aber Worte sind im besten Falle ein armseliger Behelf und können nie wirklich ganz wiedergeben, was der Mensch fühlt oder denkt; sie werden oft mißverstanden, und der Eindruck, den sie verursachen, ist im allgemeinen keineswegs der, den der Sprecher oder Schreiber ursprünglich beabsichtigte.

Für rasche Bewegung von einem Orte zum anderen ist der physische Körper ein ernstliches Hindernis. Wohin immer wir gehen wollen, haben wir dieses schwerfällige Vehikel mitzuschleppen, diesen schweren Lehmklumpen, der den Menschen herabzieht und seinen Fortschritt hemmt. Von dem Momente an, da wir fähig werden, unser Bewußtsein in eine höhere Welt zu verlegen, verschwinden alle diese Schwierigkeiten.

Und unser Intellekt! Wir sind gewöhnt, uns denselben als einer großen Sache zu rühmen. Wir sprechen vom Siegeszug des Intellektes, von sei-

17

ner großen Entwicklung und betrachten ihn, um mich so einer allgemeinen Redewendung zu bedienen, als etwas, worauf wir wirklich stolz sein dürfen. In Wahrheit ist er jedoch nichts anderes als ein lächerlich kleiner Teil von dem, was er später werden wird — eine Tatsache, die jenen von uns ganz klar ist, die das Vorrecht genossen haben, in Verbindung mit einigen der Meister der Weisheit getreten zu sein und in ihnen gesehen zu haben, was ein vollkommen entwickelter Intellekt tatsächlich ist. Auch hier wieder bewahren uns unsere Studien vor dem sonst allgemeinen Irrtum, denn wir wissen, daß besonders die fünfte Runde jeder Kette der Entwicklung der intellektuellen Fähigkeit gewidmet ist; und da wir uns jetzt erst in der vierten Runde befinden, können wir nicht erwarten, daß sie jetzt schon vollkommen entwickelt seien. Und tatsächlich wären sie auf dieser Stufe kaum überhaupt entwickelt ohne die ganz erstaunliche Anregung, die um die Mitte der dritten Wurzelrasse durch das Herabsteigen der Herren der Flamme von der Venus der Menschheitsentwicklung gegeben wurde.

Die höheren Körper

So ist denn wirklich das physische Bewußtsein armselig begrenzt; aber wie sollen wir darüber hinwegkommen? Es möchte scheinen, daß wir im regelmäßigen Fortschritte der Entwicklung erst die physischen Sinne und Fähigkeiten vervollkommnen sollen, bevor wir jene der Astralwelt erringen; aber unsere Kräfte entfalten sich nicht gerade genau in dieser Weise. Um überhaupt fähig zu werden, mit dem physischen Leibe richtig zu arbeiten, muß der Mensch die ununterbrochene Verbindung zwischen dem Ego und diesem Vehikel aufrechterhalten, und dabei ist das Vorhandensein des Mental- und Astralleibes mit inbegriffen. Zuerst werden diese hauptsächlich als Brücken benutzt, über die die Verbindung führt, und nur bei fortgeschrittener Entwicklung können sie als getrennte Vehikel gebraucht werden. Aber indem das Bewußtsein Botschaften durch diese hinabsendet und hinwiederum Eindrücke durch sie empfängt, erwachen sie unfehlbar bis zu einem gewissen Grade, so daß sogar in einem Wilden, bei dem kaum von einem Bewußtsein außerhalb des physischen Vehikels gesprochen werden kann, ein schwaches Aufdämmern des Intellekts und oft eine bedeutende Gefühlsbewegung wahrnehmbar ist. Der Durchschnittsmensch der zivilisierten Länder steht gegenwärtig auf einer Stufe, wo der Schwerpunkt im allgemeinen mehr in seinem Astralleibe liegt als im physischen, wenngleich in Wirklichkeit die Kräfte des physischen noch keineswegs voll entwickelt sind. Ihre Stufe der Entwicklung stimmt überein mit der Runde, in der wir jetzt tätig sind; aber diese geringe Entwicklung zeigt sich bis zu einem gewissen Grade ebensowohl im Mental- und Astralleibe wie im rein physischen.

Durch sorgfältige Übung kann mit dem physischen Leibe viel gearbeitet werden, aber im Verhältnisse noch viel mehr mit dem Astral- und Mentalleibe, aus dem Grunde, weil diese aus viel feinerer Materie aufgebaut sind und viel leichter durch Denkarbeit gelenkt werden können. Sogar der physische Leib kann durch solche Tätigkeit stark beeinflußt werden, wie die bemerkenswerten Leistungen der Glaubensheiler und christlichen Wissenschaftler beweisen, sowie auch die authentisch beglaubigten Beispiele des Vorkommens von Stigmatisation auf dem Körper jener, die ernstlich über die Kreuzigung Christi, wie man sie so annimmt, meditiert haben. Aber während es nur wenigen gelingt, durch bestimmte Übung der Gedankenkraft den physischen Leib so in seiner Form und Art zu beeinflussen, kann jedermann lernen, wie sowohl der Astral- als auch der Mentalleib durch diese Kraft zu beherrschen sind.

Dies ist eines der Dinge, wie wir durch die Übung der Meditation auf die einfachste und sicherste Art die Entfaltung des höheren Bewußtseins zu erreichen trachten. Ein Mensch beschäftigt sich jahraus, jahrein mit seiner Meditation und lange Zeit scheint es ihm, als komme er nicht vorwärts, während er doch durch sein beständiges Streben nach oben den Schleier zwischen den Welten immer leichter und dünner macht, und endlich, eines Tages, kommt der Moment, da er denselben durchbricht und sich in einer anderen Welt befindet. So überraschend, so alles ihm Bekannte übertreffend ist dieses Erlebnis, daß er mit staunender Wonne ausruft:

„Jetzt zum ersten Male lebe ich wirklich; jetzt weiß ich endlich, was das Leben bedeutet! Früher habe ich gedacht, daß das physische Leben manchmal doch recht schön, ja herrlich sein könne — ja sogar tätig und segensvoll; aber jetzt muß ich gestehen, daß dies alles das reinste Kinderspiel war — ja, daß ich in meinen erhebendsten Momenten keinen Begriff, nicht die leiseste Ahnung hatte von der großartigen Wirklichkeit!"

Und doch wird der Mensch einen solchen Gegensatz, wie er ihn so stark empfindet, wenn er zum ersten Male die Astralwelt berührt, mit noch viel nachdrücklicherer Kraft wiederholt erleben, wenn er auch diese Welt überschreitet und sich weiterhin den Einflüssen der Mentalwelt öffnet. — Dann wird er wieder so fühlen, als ob das der erste Schimmer der Wirklichkeit wäre, und daß auch die herrlichsten Ereignisse seines astralen Lebens sich zu dem neuen so verhalten wie "das Mondlicht zum Sonnenlicht und wie Wasser zu Wein". Wieder und wieder wird sich dies ereignen, indem er die Leiter der Entwicklung erklimmt und näher und näher der Wirklichkeit kommt; denn es ist wirklich und wahrhaftig, wie die alten Bücher gesagt haben, daß "Brahma Seligkeit ist", und daß diese Wonne stets größer und größer wird, je mehr man sich seiner in Wirklichkeit bewußt wird.

Aber je erhabener die Freude, um so größer der Unterschied zwischen diesem inneren Leben und dem Leben der physischen Welt, so daß ein Zurückkehren von jenem zu diesem einem Versinken in einen tiefen Abgrund voll Dunkelheit und Verzweiflung gleicht. Der Kontrast ist in der Tat so groß, so groß, daß man sich nicht zu wundern braucht, daß viele Heilige der früheren Zeiten, nachdem sie einmal diese höhere Freude gekostet hatten, alles verließen, um ihr nachzueilen und sich in Höhlen und Einöden zurückzogen, um sich dort jenem höheren Leben ungestört zu widmen, im Vergleich zu dem alles, was Menschen hochschätzen, gleich dem Staube ist, den

der Wind verweht. — Ich erinnere mich, wie uns
in den ersten Zeiten unserer Gesellschaft in
einem der Briefe, die von H. P. Blavatsky kamen,
gesagt wurde, daß ein Adept, wenn er sich lange
Zeit im Nirvana-Bewußtsein aufgehalten hatte,
indem er seinen Leib im Trancezustande mehrere
Wochen hintereinander verließ, bei seiner Rückkehr in den physischen Leib den Kontrast so
grausam empfand, daß er in eine tiefe Depression
verfiel, die mehrere Tage anhielt. Mit den Ausdrücken und Bezeichnungen nahmen wir es damals nicht so genau, und in diesem Falle muß
sich das Wort Adept auf einem in frühen Stadien
der okkulten Entwicklung befindlichen Menschen bezogen haben — ein Adept lediglich in
dem Sinne, daß er genügend an okkulte Übungen
gewöhnt war, um imstande zu sein, seinen Leib
zu verlassen und sich für einige Zeit auf irgendeiner höheren Welt aufzuhalten — nicht in dem,
was wir jetzt unter Nirvana verstehen; denn nur
ein wirklicher Adept (in dem Sinne, in dem wir
jetzt dieses Wort gebrauchen) könnte lange im
Nirvana verweilen, und dieser ist dann viel zu
hoch entwickelt und viel zu selbstlos, um sich zu
erlauben, in eine Depression zu versinken, mag er
bei seiner Rückkehr von höheren, unfaßbar herr-
lichen Welten zu dieser grauen, dumpfen Erde
diesen Wechsel noch so intensiv empfinden. —

Nichtsdestoweniger ist der Kontrast entsetzlich, und einer, der seine Heimat in jenen höheren Welten gefunden hat, kann nicht anders als eine Art Heimweh empfinden, während ihn seine Pflicht zwingt, auf den niederen Welten des gewöhnlichen Lebens zu verweilen. —

Die große Entsagung nannte man das, und sicher ist sie es; und sie wäre in der Tat unendlich groß, wenn einer, der diesen hohen Punkt erreicht hat, nicht die Macht hätte, das höhere Bewußtsein, selbst während er im physischen Leib arbeitet, zu bewahren. Für einen, der die Asekhastufe*) erreicht hat, ist es das Gewöhnliche, sein Bewußtsein in Nirvana zu haben, obgleich er noch im physischen Leib ist. Damit soll nicht gemeint sein, daß er auf beiden Welten zugleich sich vollkommen bewußt sein kann. Wenn er gerade in der physischen Welt tatsächlich einen Brief schreibt oder ein Gespräch führt, konzentriert sich sein Bewußtsein dort gerade so wie jenes des Durchschnittsmenschen, obwohl der geistige Glanz noch im Hintergrunde steht. Aber in dem Moment, da seine physische Arbeit vollbracht ist, springt das Bewußtsein natürlich wieder zu seinem gewohnten Zustande zurück; und

---

*) buddh.: "Der der Schulung Entronnene"; Meister d.Hrsg.

wenn er auch noch in dem nämlichen physischen Stuhle sitzt und voll Leben und Aufmerksamkeit ist für das, was um ihn her vor sich geht, so lebt er doch in der Tat in dieser höheren Welt, und obwohl irdische Gegenstände noch für ihn existieren, sind sie doch einigermaßen und in gewissem Sinne dem Bereiche seines Bewußtseins entrückt. Da das nun sein gewöhnlicher Zustand ist, so ist das Beibehalten des physischen Leibes nur ein gemildertes Opfer, obwohl es viel Mühseligkeiten durch die Zeitvergeudung mit Essen, Anziehen usw. in sich schließt. —

Die Astralwelt

Wenn ein Mensch endgültig das astrale Bewußtsein erreicht, findet er sich viel weniger von den drei Richtungen, die wir als Beispiel anführten, angelockt. Im Astralleibe hat er keine Sinnesorgane mehr, aber er braucht sie auch nicht, denn was in jener Welt unseren Sinnen gleichkommt, arbeitet, ohne ein bestimmtes Organ dafür zu gebrauchen. Genau genommen, ist das Wort Gesichtssinn kaum anwendbar zur Beobachtung der Dinge in der Astralwelt; aber die Kenntnis der uns umgebenden Dinge, die wir gewinnen, indem wir sie sehen, wird ebenso schnell und weit vollkommener erreicht mit diesem höheren Vehikel. Jedes kleinste Teilchen des Astralleibes ist für Eindrücke empfänglich, obwohl nur für Schwingungen seiner eigenen Unterart. So gewinnen wir in diesem höheren Leben den Eindruck, als sähen wir alles um uns herum auf einmal, anstatt jeweils nur nach einer Richtung. Nachdem, wie oft schon erklärt wurde, jeder feste physische Körper sein Gegenstück von niederster Astralmaterie besitzt, die auf diesem Plane der festen Materie entspricht, so sehen wir tatsächlich die feste Welt rings um uns, wenn wir die astralen Sinne gebrauchen. Aber es ist eine weit bevölkertere Welt, denn wir sehen dann die Millionen von Sylphen oder Luftgeistern und auch das Heer der Abgeschiedenen, die sich noch nicht über die Astralwelt erhoben haben. Auch höhere Wesen sind nun innerhalb unseres Bereiches, denn wir sehen jene niederste Gattung der Engelevolution, die wir häufig Wunschengel nannten. All unsere Freunde, die noch den physischen Körper haben, bleiben bei uns ebenso sichtbar wie zuvor, obwohl wir nur deren Astralkörper wahrnehmen; aber alle ihre Gemütsbewegungen und Leidenschaften liegen offen vor uns, und dem Formenmenschen ist es ferner nicht mehr möglich, uns zu täuschen in bezug auf seine wahren Gefühle in irgendeiner Sache. Seine Gedanken jedoch sind noch verborgen, außer insofern sie seine Gefühle berühren und sich so durch diese offenbaren.

Die Beschränkung durch den Raum ist noch nicht aufgehoben, aber ihre Unbequemlichkeiten sind auf ein Minimum reduziert. Wir brauchen nicht mehr die plumpe Art der Fortbewegung, die wir hier unten gewohnt sind; die feinere Materie dieser höheren Welt fügt sich so rasch der Gedankentätigkeit, daß der bloße Wunsch, an einem Orte zu sein, bereits der Beginn der Reise dorthin ist. Diese nimmt immer noch merkliche, wenn auch nicht beträchtliche Zeit in Anspruch, und wir können die entgegengesetzte Seite der Welt in fünf Minuten erreichen. Aber die wenigen Minuten sind notwendig, und wir haben noch die Empfindung, den Raum zu durcheilen und können uns jeden Moment auf der Reise aufhalten, um die dazwischen liegenden Länder zu besuchen. —

Der Intellekt ist hier viel freier als in der niederen Welt, da er seine Hauptkraft nicht mehr damit zu verschwenden braucht, die schwerfälligen und trägen Partikelchen der physischen Gehirnsubstanz in Bewegung zu setzen. Auch gewinnen wir viel durch die Tatsache, daß alle Müdigkeit verschwunden ist, so daß wir imstande sind, ständig und ununterbrochen zu arbeiten. Ein anderer Vorteil ist der, daß wir in dieser Welt weit weniger durch Leiden und Schmerzen abgelenkt werden. Damit soll nicht gesagt sein, daß die Astralwelt leidlos wäre; im Gegenteil, es mag in mancher Beziehung noch einschneidender sein, als das hier unten der Fall ist, aber andererseits kann es wieder viel leichter beherrscht werden. Die Astralwelt ist die rechte Heimat der Leidenschaften und der Gemütsbewegungen, und jene, die sich einer Erregung hingeben, können sie daher mit solcher Kraft und Schärfe erfahren, wie es glücklicherweise auf Erden unbekannt ist. Gerade so, wie wir gesagt haben, daß der größte Teil der Gedankenkraft verbraucht wird, um die Gehirnteilchen in Bewegung zu setzen, so wird auch die Hauptkraft jeder Gemütsbewegung dafür in

Anspruch genommen, sie auf den physischen Plan zu übertragen, so daß alles, was wir je hier unten wahrnehmen, nur ein schwaches Überbleibsel des wirklichen Gefühles ist, nachdem alle jene Übertragungsarbeit davon geleistet ist. Wirklich vollständig kann diese Kraft nur in ihrer eigenen Welt in Bewegung gesetzt werden, und so ist es möglich, dort eine viel intensivere Zuneigung oder Verehrung zu empfinden, als es im Erdennebel sein kann. Natürlich ist dasselbe auch der Fall in bezug auf weniger angenehme Erregungen; Anfälle von Haß oder Neid oder Gefühle der Armseligkeit oder Furcht sind in jener Welt hundertmal entsetzlicher als in dieser. So ist der Mensch, der keine Selbstbeherrschung hat, dort solch einschneidendem Leiden unterworfen, wie er sich inmitten dieser gütig auferlegten Beschränkungen des gewöhnlichen Lebens gar nicht vorstellen kann.

Der Vorteil aber ist, daß, so wenig sich die meisten Menschen das auch vorstellen können, aller Schmerz und alles Leid in der Astralwelt wahrhaft freiwillig ist und man es absolut in seiner Gewalt hat, und das ist auch der Grund, warum das Leben für den Erkennenden in jener Welt so viel leichter ist. Allerdings ist die Macht der Seele über die Materie in jeder Welt wunderbar, und auch hier unten bringt sie oft erstaunli-

34

che und unerwartete Früchte hervor. Aber es ist außerordentlich schwer, durch den Geist heftigen physischen Schmerz zu berherrschen. Ich weiß, daß das oft von außen herbeigeführt wird, durch den Mesmerismus oder auch durch bestimmte Übungen auf dem Gebiete der "christlichen Wissenschaft" und, daß es oft in Indien und auch anderswo durch Yogis geschieht, die sich einen besonderen Beruf daraus gemacht haben. Aber die Macht, ernstliche Schmerzen so zu bewältigen, ist noch nicht in der Gewalt der grossen Menge, und selbst wo das der Fall ist, raubt diese Anstrengung dem Menschen so viel Kraft, daß er während der Zeit nicht viel anderes tun kann, als den Schmerz im Zaume zu halten.

Der Grund dieser Schwierigkeit liegt in der Dichtigkeit der Materie; sie ist in ihrer Welt so weit entfernt von den sie beherrschenden Kräften, daß deren bestimmender Einfluß an sie keineswegs ein sicherer ist, und eine große Übung ist nötig, um entscheidende Resultate darin zu erzielen. Die viel feinere Astralmaterie folgt einer Willensanstrengung sofort, so daß — während ernste physische Schmerzen nur jene wenigen vollkommen und augenblicklich verscheuchen können — doch jedermann in einem Momente das durch eine starke Gemütsbewegung verursachte Leid bewältigen kann. Der Mensch braucht nur seinen Willen in Kraft treten zu lassen, und die Leidenschaft verschwindet sofort. Diese Versicherung wird viele überraschen; aber ein wenig Nachdenken wird klarmachen, daß kein Mensch zornig oder eifersüchtig oder neidisch zu sein braucht; kein Mensch hat es nötig, sich die Empfindungen einer Depression oder Furcht zu erlauben; alle diese Erregungen sind unfehlbar Früchte der Unwissenheit, und wer immer sich die Mühe geben will, kann sie fortan in die Flucht schlagen.

In der physischen Welt mag es für die Furcht manchmal, bis zu einem gewissen Grade, eine Entschuldigung geben, denn es ist unzweifelhaft möglich, daß einer, der stärker ist als wir, unserem physischen Körper Schaden zufügen kann. Aber in der Astralwelt kann keiner den anderen verletzen, außer mittels einer Art, die jener Welt angepaßt ist und in ihrer Wirkung immer nur stufenweise um sich greift und leicht zu vermeiden ist.

In dieser Welt kann ein plötzlicher Schlag wirklich das Gewebe des physischen Körpers verletzen; aber in der Astralwelt sind alle Vehikel wie fließend, und ein Schlag, ein Schnitt, eine Durchbohrung kann keinerlei Wirkung verursachen, denn der Körper würde sich unmittelbar wieder schließen, genau so, wie es das Wasser tut, wenn es mit einem Dolche zerschnitten wurde.

Es ist die Welt der Leidenschaften und Gemütsbewegungen, und nur durch seine Leidenschaften und Gemütsbewegungen kann der Mensch verletzt werden. Ein Mensch kann in sich verdorben sein und so dann dazu überredet werden, üble Leidenschaften in sich zu beherbergen; aber diese können schließlich nur langsam Eingang finden, und wer ihnen zu widerstehen wünscht, kann dies mit voller Leichtigkeit tun. Daher gibt es keinerlei triftigen Grund dafür, sich in der Astralwelt zu fürchten, und wo die Furcht vorhanden ist, ist es bloß aus Unwissenheit — einer Unwissenheit, die durch eine kurze, nur einige Augenblicke dauernde Belehrung und ein wenig Übung behoben sein könnte. Auch die meisten der Ursachen, die uns in dieser irdischen Umgebung Leid bereiten, sind dort ganz und gar nicht vorhanden. Wenn wir diesen Körper ablegen, gibt es weder Hunger noch Durst, weder Hitze noch Kälte, weder Ermüdung noch Krankheit, weder Armut noch Reichtum mehr; was gibt es dann noch für Gelegenheit zu Kummer und Leiden? Man erkennt auf den ersten Blick, daß diese weniger materielle Welt nur eine glückliche sein kann, denn in jener, viel mehr als in dieser, kann sich ein Mensch seine Umgebung selbst schaffen und sie nach seinem Wunsche verändern.

Die Mentalwelt

Eine der bedeutendsten Ursachen unseres Leides im jetzigen Leben ist das, was wir Trennung von unseren Lieben zu nennen pflegen, wenn sie ihren physischen Leib verlassen. Solange der unbelehrte Mensch nur sein physisches Bewußtsein hat, setzt er voraus, seinen verstorbenen Freund "verloren" zu haben; aber dies ist tatsächlich eine Täuschung, denn der verstorbene Freund steht all die Zeit neben ihm und beobachtet die mannigfaltigen Gefühle, die sich in seinem Astralleib ausdrücken. Man wird sofort überzeugt sein, daß es für den verstorbenen Freund unmöglich ist, sich solcher Täuschung hinzugeben, er habe seine Lieben, die noch im physischen Leibe zurückgeblieben sind, "verloren"; denn da sie auch Astralleiber besitzen (oder der physische Leib könnte nicht leben), so hat der "tote" Mensch den Lebenden immer vor sich, obwohl das Bewußtsein seines lebenden Freundes nur, während der physische Leib dieses Freundes schläft, zum Austausch der Gedanken und Gefühle dienlich ist. Zum mindesten hat der "tote" Mensch kein Gefühl von Verlassenheit oder Trennung, er hat einfach die Nacht als Zeit seines Verkehrs mit jenen, die er liebt, und die noch der niederen Welt angehören, für den Tag eingetauscht.

Diese furchtbarste aller Sorgenquellen ist so-

41

mit für einen, der das Astralbewußtsein besitzt, gänzlich aufgehoben. Der Mensch, der sich bis zu der Fähigkeit entwickelt hat, im wachen Zustande sowohl das astrale als auch das physische Bewußtsein zu benutzen, kann natürlich nie von seinem Freunde getrennt werden, sondern hat ihn stets voll und ganz vor sich bis zum Ende des Astrallebens des letzteren, wenn dann auch der Astralleib an die Reihe kommt, aufzuhören, und der Freund auf seinem Wege zur Himmelswelt gelangt. Dann geht wirklich eine offensichtliche Trennung vor sich, obwohl es auch dann nie das sein kann, was wir hier unten Verlust nennen. Denn ein Mensch, der das Leben auf zwei Welten schon voll erlebt hat, hat sich von der Planmässigkeit der Einrichtungen der Natur so gründlich überzeugt und hat in bezug auf dieselben eine solche Sicherheit und solches Vertrauen darauf, daß er sich in einer ganz anderen Lage befindet als der unwissende Mensch, der nur eine Welt kennt und sich außerdem nichts vorstellen kann.

Es ist noch zu erwähnen, daß ein Mensch, der astrales Bewußtsein besitzt, den ersten und dichtesten Schleier durchbrochen hat, und es dann nicht mehr so schwer finden wird, jenen zu durchdringen, der ihn von der Mentalwelt trennt, so daß es häufig vorkommt, daß der noch physisch lebende Freund, bevor der sogenannte

"Tote" so weit ist, die Astralwelt verlassen zu können, sich schon das Tor zum nächst höheren Bewußtsein geöffnet hat und so imstande ist, seinen "toten" Kameraden zur nächsten Stufe seines Fortschrittes zu begleiten. Die scheinbare Trennung ist unter allen Umständen, ob nun der Mensch, der noch im physischen Leben steht, sich dessen, was vor sich geht, bewußt ist oder nicht, nichts weiter als eine Illusion, denn in der Himmelswelt macht sich der "Tote" ein Gedankenbild von seinem Freunde, das vom Ego des Freundes sofort erspäht und benutzt wird, und auf diese Weise sind sie noch enger beisammen als je zuvor.

Wir wollen nun sehen, welche weiteren Vorteile der Mensch gewinnt, der sich das Mentalbewußtsein erschlossen hat. Noch einmal macht er die bereits beschriebenen Erfahrungen, denn er findet, daß diese höhere Welt von solcher Herrlichkeit und Wonne durchdrungen ist, daß daneben selbst das Glühen der Astralwelt mit all seiner sonst erstaunlichen Kraft zu wirkungslosem Feuerspiel herabsinkt. Wieder fühlt er, daß er nun endlich das wahre Leben erreicht habe, von dem er vorher nur eine unvollständige und ungenügende Vorstellung hatte. Wieder erweitert sich sein Horizont, denn nun eröffnet sich vor seinen erstaunten Blicken die weite Welt der Formen-

engel. Er erblickt nun die ganze Menschheit —
das unermeßliche Heer jener, die zur Zeit nicht
inkarniert sind, ebenso wie die verhältnismäßig
wenigen, die die Leiber niederer Welten besitzen.
Jeder Mensch mit einem physischen oder Astralleibe muß unbedingt auch einen Mentalleib haben, und dieser ist es nun auch, der dem Schüler,
der auf seinem Wege so weit gekommen ist, vor
Augen tritt; dazu kommt aber eben dann auch
noch das große Heer jener in seinen Gesichts-
kreis, die in der Himmelswelt verweilen — wenn
auch diese, da jeder in der Schale seiner eigenen
Gedanken eingegrenzt ist, kaum im rechten Sinne des Wortes als Kameraden betrachtet werden
können.

Der Besucher ihrer Welt kann auf sie inso-
weit einwirken, daß er sie mit Gedanken, zum
Beispiel mit solchen der Zuneigung, durchflutet.
Diese Gedanken können die Hülle der Menschen, die sich ihres Himmelslebens erfreuen,
nicht so weit durchdringen, daß sie in jene ein
so bestimmtes Fühlen des Absenders tragen
könnten, daß er sich damit jenen zum Bewußtsein brächte oder ihnen eine direkt an ihn persön-
lich gerichtete Antwort erweckte; aber der Strom
der Zuneigung kann auf die Bewohner der Himmelswelt genau in derselben Weise wirken wie die
Sonnenwärme auf den Keim im Ei und dessen

44

Fruchtbarkeit fördern — oder irgendwelche freudige Empfindungen, die jene eben gerade haben mögen, steigern. Außerdem, obwohl diese Menschen der Himmelswelt nicht sofort jedem Einflusse von außen zugänglich sind, so strömen sie doch Schwingungen aus, entsprechend den in ihnen vorherrschenden Eigenschaften; so kann sich der Besucher jener Welt nach seiner eigenen Wahl in derartigen Ausströmungen baden und kann herumgehen, um sich seine ihm zusagende Art auszusuchen, geradeso, wie ein Besucher von Harrogate sich die verschiedenen Mineralquellen auswählt, die er trinken will, indem er zuerst an einer Quelle versucht und dann an einer anderen.

Unter jenen, die sich voll bewußt in der Mentalwelt befinden, ist eine viel engere Vereinigung, als auf einer niedrigeren Welt möglich war. Ein Mensch kann den anderen nicht mehr täuschen in bezug auf das, was er denkt, denn alle Gedankengänge liegen dort offen vor jedermanns Augen. Meinungen oder Eindrücke können nun nicht bloß mit der Schnelligkeit des Gedankens, sondern mit vollkommener Genauigkeit ausgetauscht werden, denn jeder nimmt jetzt den wirklichen Gedanken des anderen in sich auf — klar, deutlich und sofort —, anstatt sich durch das Labyrinth unklarer Worte durcharbeiten zu müssen. — In dieser Welt kann ein Mensch die

Welt tatsächlich mit der Schnelligkeit des Gedankens durchmessen; er ist auf der entgegengesetzten Seite derselben, sobald er nur den Wunsch hat, dort zu sein; denn in diesem Falle gehorcht der Stoff unmittelbar dem Gedanken, und der Wille findet ihn weit bereitwilliger als auf irgendeiner niedrigen Welt.

Im Zusammenhange mit der Meditation wurde oft gesagt, daß es größere Schwierigkeiten macht, Gedanken zu beherrschen, als Gemütsbewegungen, und daß das Gedankenelemental schwerer zu beherrschen ist als das Astrale. Für uns hier unten ist es gewöhnlich so, aber wenn wir die Sache richtig verstehen wollen, müssen wir versuchen, einzusehen, warum dies so ist. Der physische Leib folgt in gewissem Maße den Forderungen des Willens, weil wir ihn durch sorgfältige Übungen dazu gebracht haben. Wenn wir einen Arm erheben wollen, und der physische Leib ist gesund, so können wir aufstehen und dorthin gehen, mit nicht mehr Widerstand von seiten des Körpers, als es sich durch das allgemeine Gesetz der Trägheit oder durch besondere Liebe zur Bequemlichkeit geltend macht. Wenn indessen der physische Körper üble Gewohnheiten irgendwelcher Art angenommen hat, zeigt er sich oft außerordentlich widerspenstig und ist schwer in Schranken zu halten. In solchen Fällen tritt die Entfernung und Verschiedenheit der Dichtigkeit zwischen dem beherrschenden Ego und seinem niedersten Träger wirklich unangenehm zutage. Die Handhabung des Astralleibes ist in Wirklichkeit viel leichter, obwohl viele Leute sie schwer finden, weil sie es früher nie versucht haben. Von dem Moment an, da man wirklich klar über die Sache denkt, ist das aber einleuchtend. Es ist nicht leicht durch Gedankenkraft einen wütenden Zahnschmerz zu entfernen, obwohl auch dies unter gewissen Bedingungen möglich ist; es ist aber verhältnismäßig leicht, durch Gedankenkraft eine Depression, einen Ärger oder Eifersucht zu überwinden. Das Wunschelemental mag sich durch diese seine Gefühle dem Menschen aufdringlichst bemerkbar machen, aber unter allen Umständen können sie, und das ist ganz klar, von ihm beherrscht werden, und durch wiederholtes Abschütteln derselben kann ohne Frage die Unabhängigkeit davon erreicht werden.

Mit noch mehr Bestimmtheit kann das als wahr bezeichnet werden, und noch leichter wird diese unsere Aufgabe, wenn wir in die Mentalwelt übergehen. Es scheint uns schwerer, Gedanken zu zügeln, als Gemütsbewegungen, weil die meisten von uns wenigstens einige Versuche in der Beherrschung einer Erregung gemacht haben, und es wird uns von Kindheit an gelehrt, daß es nicht schicklich sei, ihnen ungezügelten freien Lauf zu lassen; während wir andererseits immer daran gewöhnt waren, unsere Gedanken frei umherschweifen zu lassen. Wir haben sie wahrscheinlich nur in den Schulstunden mit Widerwillen von ihren Wanderungen zurückgehalten und versucht, sie auf eine bestimmte Aufgabe zu konzentrieren. Und selbst hierzu ist gewöhnlich äußerer Zwang in Form beständiger Aufmunterung von seiten des Lehrers oder der Reiz des Wetteifers mit unseren Mitschülern notwendig. Weil sich der Durchschnittsmensch bislang so wenig Mühe gegeben hat, Ordnung in seine Gedanken zu bringen, findet er auch so große Schwierigkeiten vor, ja wirklich fast Unmöglichkeiten, wenn er mit der Übung der Meditation beginnen will. Er befindet sich in Konflikt mit den Gepflogenheiten des Gedankenelementals, das daran gewöhnt war, daß sich alles nur nach seiner Art und Weise und nach seinen Wünschen richtet und sich von einem Gegenstand zum anderen nur seinem geliebten Gegenstande folgend hin und her treiben zu lassen.

Unser Kampf mit ihm ist in gewisser Beziehung verschieden von dem, den wir gegen das Wunschelemental ausspielten; und der Grund dafür wird klar ersichtlich, wenn wir uns an die

Beschaffenheit des ersteren erinnern. Es ist die Erscheinungsform des hinabsteigenden Lebens der solaren Gottheit auf der frühesten Stufe der Verstrickung in den Stoff — das, was wir gewöhnlich das erste Elementarreich nennen. — Folglich ist es weniger an stoffliche Begrenzung gewöhnt als das Wunschelemental, welches einem späteren Reiche angehört und in der Reihe der Materie schon eine ganze Stufe tiefer steht. Es ist infolgedessen beweglicher als das Wunschelemental — unruhiger, aber weniger mächtig und bestimmt. Es ist seiner Natur nach leichter zu bewältigen, aber viel weniger daran gewöhnt, bewältigt zu werden, so daß es viel weniger momentane Kraftanstrengung erfordert, einen Gedanken zu beherrschen, als einen Wunsch; aber es bedarf einer größeren Ausdauer in der Anwendung dieser Kraft. Wohl zu beachten, daß wir uns jetzt mit der Gedankenwelt befassen, wo Gedanken tatsächliche Dinge sind; und diese widerspenstige Mentalmaterie, die wir so schwer zu beherrschen vermögen, ist die eigentliche Heimat und der eigentliche Träger eben des Denkens, womit wir sie beherrschen müssen. Dieses Denken ist hier auf seinem eigenen Boden und arbeitet mit seiner eigenen Materie, so daß es nur eine Sache der Übung dafür sein kann und ist, sie vollkommen zu bewältigen; während, wenn wir uns bemühen,

49

das Wunschelemental zu beherrschen, wir das Denken in eine Welt herabsetzen, die ihm fremd ist, und es durch ihm fremde Einflüsse von außen beschweren, so daß wir für den Kampf schlecht gerüstet sind.

Mit kurzen Worten gesagt: Beherrschung der Gedanken ist an und für sich viel leichter als die Beherrschung der Gefühle, aber in letzteren haben wir uns eine gewisse Übung erworben und im ersteren in der Regel gar keine; und nur aus diesem Grunde scheinen uns Gedankenübungen so schwer. Beide zusammen bilden eine weit leichtere Aufgabe als die vollkommene Beherrschung des physischen Leibes; aber das letztere haben wir bis zu einem gewissen Grade durch eine Anzahl früherer Leben hindurch geübt, obwohl unsere Festigkeit in dieser Hinsicht noch recht unvollkommen ist. Ein vollständiges Verständnis dieser Tatsache sollte den Schüler ganz entschieden ermuntern; und das Resultat solcher Erkenntnis wird ein lebhaftes Verständnis in ihm sein für die Wahrheit der Bemerkung in der "Stimme der Stille", daß diese Erde die einzig wahre Hölle ist, die der Okkultist kennt.

Die Kausalwelt

Laßt uns nun einen Schritt weitergehen und unsere Aufmerksamkeit auf den höheren Teil der Mentalwelt richten, der von dem Ego in seinem Kausalleibe bewohnt wird. Jetzt sind endlich alle Schleier gefallen, und zum ersten Male steht Mensch dem Menschen ohne die Möglichkeit eines Mißverständnisses gegenüber. Schon in der Astralwelt ist das Bewußtsein so verschieden von dem, was wir hier unten kennen, daß es praktisch unmöglich ist, einen zusammenhängenden Begriff davon zu geben; und diese Schwierigkeit wächst, wenn wir uns mit höheren Welten beschäftigen wollen. Hier nehmen die Gedanken keine Formen mehr an und treiben herum, wie das in niederen Welten der Fall ist, sondern fliegen mit Blitzesschnelligkeit von einer Seele zur anderen. Hier haben wir keine neuerworbenen Träger, die nur stufenweise einer Beherrschung unterwofen werden können, um nach und nach fähig zu werden, mehr oder weniger undeutlich die innewohnende Seele auszudrücken; sondern wir stehen von Angesicht zu Angesicht mit einem Leibe älter als alle Berge, ein tatsächlicher Ausdruck der göttlichen Glorie, die stets dahinter verweilt und ihn gemäß der stufenweisen Entfaltung seiner Fähigkeiten mehr und mehr mit ihrem Glanze durchdringt. Hier haben wir es nicht mehr mit äußeren Formen zu tun, sondern erfassen die Dinge in sich selbst — die Wirklichkeit, die in dem unvollkommenen Ausdrucke verborgen liegt. Hier sind Ursache und Wirkung eins, klar ersichtlich in ihrer Einheit, wie zwei Seiten desselben Winkels. Hier haben wir das Konkrete für das Abstrakte zurückgelassen; wir haben nicht mehr die Vielfältigkeit der Formen, sondern den Begriff, der in all diesen Formen verborgen liegt.

Hier steht das Wesen jedes Dinges zur Verfügung; wir bemühen uns nicht länger mehr mit den Einzelheiten; wir sprechen nicht mehr um einen Gegenstand herum oder bemühen uns, ihn zu erklären; wir erfassen die Wesenheit oder den Begriff des Gegenstandes und setzen sie als ein Ganzes in Bewegung, so wie einer beim Schachspielen eine Figur bewegt. Es ist eine Welt der Wirklichkeiten, in der Täuschungen nicht mehr nur unmöglich, sondern undenkbar sind; wir geben uns nicht mehr mit Gemütsbewegungen, Begriffen und Auffassungen ab, sondern mit der Sache selbst. Es ist unmöglich, den gewöhnlichen Gedankenverkehr zwischen Menschen im vollentwickelten Kausalleibe mit Worten auszudrücken. Was hier unten ein philosophisches System wäre, das vieler Bände bedürfte, um es zu erklären, ist dort eine ganz einfache Sache, ein Gedanke, der hingeworfen wird, wie man eine

Karte auf den Tisch wirft. Eine Oper oder ein Oratorium, die hier zur Vorführung durch Stunden hindurch ein volles Orchester benötigen, ist dort eine einfache Sache; die Methoden einer ganzen Schule in der Malerei sind in einem einzigen großartigen Gedanken zusammengefügt; und Gedanken gleich diesen sind die intellektuellen Schwingungen, die von den Egos in ihrem Verkehr miteinander gebraucht werden.

Dort begegnen wir auch einer höheren Ordnung von noch herrlicheren Engeln, die aber unserem schwerfälligen Denkvermögen um so unfaßbarer sind. Hier ist zum ersten Male vor unseren Augen die Geschichte aller Leben, die sich auf unserem Planeten abspielten, sichtbar aufgerollt, die tatsächlich lebende Chronik der Vergangenheit; denn das ist die niederste Welt, auf der sich das göttliche Gedächtnis selbst abspiegelt. Hier erblicken wir zum ersten Male unsere Leben als ein großes Ganzes, von dem unser jeweiliges Herabsteigen in einen physischen Leib nur die vorübergehenden Tage waren. Hier wird der große Plan der Evolution vor uns ausgebreitet, so daß wir klar erkennen können, was Gottes Wille mit uns ist. —

Als Ego ist der Durchschnittsmensch bis jetzt nur schwach entwickelt; er bedarf der gröberen Materie und viel niederer Welten, um im-

55

stande zu sein, Schwingungen zu empfinden und auf sie zu antworten. Aber ein Ego, das erwacht ist und wirklich in seiner eigenen Welt lebt, ist in der Tat ein herrliches Wesen und gibt uns zum ersten Male einen Begriff von dem, was Gott mit dem Menschen beabsichtigt. Die Egos sind noch getrennt, jedoch intellektuell erfassen sie vollkommen ihre innere Einheit, denn sie sehen einander, wie sie sind, und können sich nicht mehr täuschen und irre gehen.

Das Höhere Selbst

So befremdend und weit entfernt von unserer gewöhnlichen Lebensauffassung schon das alles von unten aus gesehen scheinen mag, so bringt uns der nächste Schritt in eine Region, die für den niederen Verstand noch viel weniger faßbar ist; denn wenn wir dem Menschen in die Welt der Intuition folgen und das entwickeln, was bisher Buddhisches Bewußtsein genannt wurde, so befinden wir uns in einem Bereiche, in dem nicht nur eine unendliche Vervielfältigung und Ausdehnung der verschiedenartigsten Fähigkeiten, sondern auch gänzlich veränderte Seins- und Wirkungsarten herrschen. Mittels des Kausalleibes schauten wir auf etwas, indem wir es ganz genau verstanden und erfaßten, wie es ist, und nach seinem wahren Werte schätzten; dabei hielten wir jedoch immer eine Trennung zwischen Subjekt und Objekt aufrecht, dessen wohl bewußt, daß wir stets "auf das", was wir so gänzlich begriffen, schauten. Aber nun ist eine Veränderung vor sich gegangen; das Verständnis ist ein mehr und nicht weniger vollkommenes, aber es kommt von innen, anstatt von außen. Wir schauen nicht mehr auf eine Person oder einen Gegenstand, gleichgültig mit welchem Grade von Freundschaft oder Zuneigung, wir "sind" einfach diese Person oder Sache, und wir kennen sie so, wie wir den Gedanken unseres eigenen Gehirns oder die Bewegung unserer eigenen Hand kennen.

Es ist nicht leicht, anderen auch nur eine Ahnung von solch feinen Unterschieden, wie sie diese Anschauungsart über alles breitet, beizubringen — die merkwürdig veränderten Werte, die sie allen Handlungen und Lebensbeziehungen gibt. Nicht nur, daß wir andere Menschen viel besser verstehen, sondern wir fühlen uns selbst durch sie handelnd und schätzen ihre Beweggründe wie unsere eigenen, auch wenn wir vollkommen begreifen, daß ein anderer Teil von uns, der vielleicht mehr Wissen besitzt und eine andere Anschauung hat, anders handeln würde. In allen unseren früheren Entwicklungsstadien hatten wir unseren uns allein angehörigen Gesichtspunkt und unsere eigenen Eigenschaften und Begriffe, die liebevoll gepflegt wurden, weil sie eben unsere eigenen waren, die uns in gewisser feiner Weise verschieden vorkamen von denselben Eigenschaften, wenn sie sich bei anderen offenbarten; aber nun verlieren wir dieses Gefühl eines persönlichen Besitzens von Eigenschaften und Begriffen gänzlich, weil wir sehen, daß diese Dinge allen zukommen, weil sie ein Teil der großen Wirklichkeit sind, die hinter allem liegt. So wird persönlicher Stolz in der individuellen Entwicklung eine absolute Unmöglichkeit, denn wir begreifen nun, daß persönliche Entwicklung nur dem Wachstum eines Blattes unter Tausenden auf einem Baume gleichkommt, und daß das wichtige Ereignis, auf das es ankommt, nicht die Größe oder die Form dieses besonderen Blattes ist, sondern eine Beziehung mit dem Baume als Ganzem; denn nur vom Baume als Ganzem können wir wirklich behaupten, daß er beständig wächst.

Hier unten begegnen wir Menschen von sehr verschiedenen Fähigkeiten, wir suchen sie zu begreifen und sagen uns, daß wir unter keinen denkbaren Umständen so handeln oder denken könnten wie sie, und wenn wir auch von einem "sich versetzen in die Lage eines anderen" reden, so ist das gewöhnlich eine schwache, gezwungene, unzureichende Versetzung; aber in der Welt der Intuition erkennen wir sofort und deutlich den Grund solcher Handlungen, die uns hier so unbegreiflich und abstoßend erscheinen, und verstehen, daß wir selbst es sind, nur in anderer Form, die eben diese Handlungen begehen, die uns so tadelnswert vorkommen, und daß für diese Entwicklungsseite unseres "Ichs" solches Tun ganz recht und natürlich ist.

Wir finden, daß wir damit ganz und gar aufgehört haben, andere wegen ihrer Verschiedenheiten zu tadeln; wir betrachten sie einfach als andere Offenbarungen unserer eigenen Tätigkeit, denn jetzt sehen wir die Ursachen, die uns früher verborgen waren. Sogar der böse Mensch ist, klar gesehen, ein Teil von unserem Selbst; ein Teil der Schwäche in uns; und so wollen wir ihn nicht schmähen, sondern ihm helfen, indem wir in den schwachen Teil unseres Selbstes Kraft gießen, so daß der ganze Menschheitskörper gesund und kraftvoll wird.

Im Kausalleibe erkannten wir schon das göttliche Bewußtsein in allem; wenn wir auf ein anderes Ego blickten, entsprang ihm sofort das Bewußtsein, das die Göttlichkeit in uns erkannte. Jetzt entspringt dasselbe nicht mehr, um uns von außen zu begrüßen, denn es ist schon im Heiligtume unseres Herzens. Wir s i n d dieses Bewußtsein, und es ist u n s e r Bewußtsein, da gibt es kein "Ich" und "Du" mehr, denn wir sind beide eins – beide sind wir Seiten der Entwicklung eines Etwas, das uns überragt und einschließt.

Bei diesem wunderbaren Aufwärtssteigen ist jedoch kein Verlust des Individualitätsgefühles, wohl aber ein Verlust des Getrenntseinfühlens bis aufs äußerste. Das ist scheinbar ein Widerspruch, und doch ist es klar, daß es wirklich so ist. Der Mensch erinnert sich alles dessen, was hinter ihm liegt. Er ist er selbst, derselbe Mensch, der diese oder jene Handlung in längst vergangener Zeit vollbrachte. Er ist in keiner Weise verändert, außer daß er jetzt viel mehr ist, als er damals war, und fühlt, daß er ebensoviele andere Offenbarungen in sich einschließt. Wenn so hin und wieder einige Hunderte von uns ihr Bewußtsein plötzlich zur Welt der Intuition emporheben könnten, wären wir alle ein Bewußtsein, aber für jeden einzelnen Menschen schiene es sein eigenes zu sein, ganz unverändert, außer daß es jetzt ebenso alle anderen mit inbegriffe.

Jedem einzelnen würde es scheinen, als habe e r alle anderen in sich eingeschlossen oder mit sich vereint; so befinden wir uns denn hier offenbar in einer Art Täuschung, und eine noch etwas weitergehende Erkenntnis wird uns klarmachen, daß wir alle nur Seiten eines einzigen größeren Bewußtseins sind, und daß das, was wir früher für u n s e r e n Verstand, u n s e r e Kraft hielten, immerdar Seine Eigenschaften, Sein Verstand und Seine Kraft waren. Wir sind in Wahrheit bei der Erfüllung der altehrwürdigen Worte angelangt: "Du bist das." Es sind zwei ganz verschiedene Dinge, über das hier unten mit dem Verstande zu reden und es zu erfassen oder zu glauben, daß man es erfaßt, und in diese wunderbare Welt wirklich einzutreten und sie mit einer Gewißheit, die nie mehr erschüttert werden kann, z u k e n n e n.

Es darf jedoch nicht vorausgesetzt werden, daß ein Mensch, der in die niederste Unterabteilung dieser Welt eintritt, sich sofort dieser Einheit mit allem Leben voll bewußt wird. Die Vollkommenheit in diesem Empfinden kommt erst als Resultat von viel Arbeit und Mühseligkeiten, wenn er die höchste Unterabteilung dieses Reiches der Einheit erlangt hat. Ganz in diese Welt eingehen bedeutet die Errungenschaft eines unendlich ausgedehnten Bewußtseins und das Einswerden mit vielen anderen; aber vor ihm eröffnet sich dann wiederum eine Zeit der Anstrengung, eine Zeit der Selbstentwicklung, ähnlich wie in der Welt, in der man sich hier unten befindet, wenn man sich bemüht, durch Meditation das Bewußtsein für die nächsthöhere Welt zu öffnen. Schritt für Schritt, Unterabteilung für Unterabteilung erobert der Höherstrebende seinen Weg; denn auch in dieser Welt ist die Mühe und Anstrengung notwendig, wenn ein Fortschritt gemacht werden soll.

Eine Stufe tiefer, als wir noch in der höheren Mentalwelt weilten, lernten wir die Dinge so zu sehen, wie sie sind, und die Vorurteile, die wir davon hatten, zu überwinden, um so endlich zu der Wirklichkeit durchzudringen, die hinter alledem steckte, was wir bisher "von" ihr zu erfassen vermochten. Jetzt aber können wir die Wirklichkeit sehen, die hinter den abweichenden Anschauungen anderer Menschen von demselben Gegenstande verborgen liegt, indem wir zugleich von ihrem Standpunkte und von unserem aus vorwärts gehen, kommen wir immer zu der Sache selbst und erfassen alle ihre zugehörigen Möglichkeiten klar; denn nun ist sie "wir selbst", und alle ihre Möglichkeiten sind auch für uns möglich. Schwer ist es, das in Worte zu fassen, und unmöglich, das hier unten vollständig zu begreifen; und doch deutet es auf eine Wahrheit und kommt ihr nahe, die wirklicher ist als das, was wir hier auf Erden Wirklichkeit nennen.

Wenn wir uns sofort in jene Welt versetzen könnten, ohne langsam die verbindenden Stufen zu überschreiten, hätte das meiste, was wir imstande wären, zu erblicken, nur wenig Bedeutung für uns. Ein plötzlicher Übergang, selbst schon in die Astralwelt, läßt bekannte Gegenstände so ganz anders erscheinen, daß sie gänzlich unkenntlich sind. Ein Buch z.B. oder eine Wasserflasche zeigt sich in einer ganz vertrauten Erscheinungsform; aber wenn man plötzlich befähigt ist, einen solchen Gegenstand von allen Seiten zugleich zu sehen, sowohl von unten als von oben, so wird man vielleicht die Erfahrung machen, daß es eine so ganz anders geartete Erscheinung darbietet, und daß es damit dann schon einer ganz bedeutenden mentalen Anpassungsfähigkeit und Kraft bedarf, um den Gegenstand mit Sicherheit benennen zu können. Dazu kommt noch die weitere Schwierigkeit, daß das ganze Innere des Körpers vor uns so ausgebreitet daliegt, als wäre jedes Teilchen einzeln auf einen Tisch gelegt, und man wird begreifen, daß daraus neue Schwierigkeiten entstehen. Dazu kommt noch eine andere Tatsache — nämlich die: während man, wie beschrieben, auf alle diese Teile blickt, ist man zu gleicher Zeit in jedem jener Teile und schaut aus denselben heraus; und nun wird man begreifen, daß es eine absolute Unmöglichkeit ist, eine Ähnlichkeit herauszufinden mit dem Gegenstande, den wir in der physischen Welt kannten.

Das ist natürlich nur eine bildliche Darstellung, ein ungenügendes, ins Konkrete übertragenes Beispiel von dem, was wirklich geschieht; und um zu einem richtigen Verständnisse zu kommen, muß es vergeistigt und müssen noch viele andere Erwägungen hinzugefügt werden, was alles übrigens die Erkenntnis eher noch schwieriger als leichter macht. Zum Glück ist ein plötzlicher Sprung dieser Art in Gottes Natur unmöglich. Der Gang in der Evolution ist stufenweise Entwicklung, so daß wir in keiner Weise weitergeführt werden, bis wir fähig sind, ohne Schauer Herrlichkeiten ins Angesicht zu blicken, die uns blenden würden, wenn wir sie unerwartet schauten.

In dieser Welt hat der Mensch noch einen bestimmten Körper, und doch scheint sein Bewußtsein in unzähligen anderen Körpern in gleicher Art gegenwärtig. Das Gewebe des Lebens (das, wie wir wissen, aus buddhischer Materie zusammengesetzt ist, Materie aus der Welt der Intuition), ist so ausgedehnt, daß es auch jene anderen Menschen in sich schließt, so daß wir anstatt vieler einzelner Gewebe ein einziges Gewebe erhalten, das alle anderen in einem einheitlichen Leben einschließt. Man darf jedoch nicht vergessen, daß viele jener anderen sich einer derartigen Veränderung im Empfinden absolut nicht bewußt sind, und denen wird ihr eigener privater kleiner Teil des Gewebes noch ebenso getrennt erscheinen wie immer — oder, besser gesagt, würde so erscheinen, wenn sie überhaupt irgendetwas über das Lebensgewebe wüßten. So, von diesem Standpunkte aus und in dieser Welt, erscheint das ganze Menschengeschlecht mit goldenen Fäden in sich und untereinander verbunden zu sein und ein einziges einheitliches zusammengefügtes Ganzes zu bilden, nicht mehr ein Mensch, sondern Mensch im begrifflichen, abstrakten Sinne.

Nirvana

Was können wir nun von der nächstfolgenden Bewußtseinsstufe, die oft Nirvana genannt wird, sagen: Dieses edle Wort ist im Sinne der Vernichtung übersetzt worden, aber nichts könnte der Wahrheit ferner liegen als das, denn es ist der Ausdruck des stärksten und kräftigsten Lebens, das überhaupt existiert. Vielleicht mag es nicht ganz mit Unrecht als eine Vernichtung alles dessen, was wir in der physischen Welt von dem Menschen kennen und denken, erklärt werden; denn seine ganze Persönlichkeit, alle niederen Eigenschaften sind längst gänzlich verschwunden. Jedoch die Wesenheit ist da, der wahre Mensch ist da; der von der Gottheit selbst herabgestiegene göttliche Funke ist noch da, obschon nun zur Flamme entfacht — einer Flamme, die mit Bewußtsein ein Teil dessen wird, von dem sie ausgegangen; denn hier taucht alles Bewußtsein in ihm unter, obwohl es alles beibehält, was das Beste im individuellen Fühlen war. Der Mensch fühlt sich immer noch genau so wie jetzt, aber erfüllt von einer Freude, einer Kraft, einem Fähigsein, wofür wir hier unten einfach keine Worte haben. Er hat keineswegs seine persönlichen Erinnerungen verloren. Er ist gerade so sein Selbst wie immer, nur ist es ein erweitertes Selbst. Er weiß noch: "Ich bin ich"; aber er weiß ebenso: "Ich bin Er".

In der Welt der Intuition hat sich sein Bewußtsein so erweitert, daß er dasjenige anderer Menschen in sich aufnimmt. Jetzt scheint es die ganze geistige Welt in sich zu schließen, und der Mensch fühlt, daß er im Begriffe ist, die göttliche Eigenschaft der Allgegenwart zu verwirklichen; denn er lebt nicht nur in all jenen anderen, sondern auch auf jedem Punkte des vermittelten Raumes, so daß er den Brennpunkt seines Bewußtseins, wo immer er hin will, verlegen kann, und so den wohlbekannten Ausspruch, daß er ein Kreis ist, dessen Mittelpunkt überall und Umfang nirgends ist, genau verwirklicht. Er hat den Verstand, wie wir ihn kennen, überwunden, weiß und versteht jedoch in weit vollkommenerem Maße, denn je zuvor. In niedereren Welten (niederer als diese, für uns jedoch noch unerreichbar hoch) hat er die großen Engel und Erzengel erblickt in all ihrer glorreichen Hoheit. In dieser geistigen Welt tritt er Angesicht zu Angesicht vor die Mächte, die da herrschen, vor die großen Vollstrecker der karmischen Gesetze, vor die großen Führer der okkulten Hierarchie, vor Planetengeister von staunenswerter Macht und wundervoller Schönheit.

Es ist umsonst, dieses Leben beschreiben zu wollen, das alles Leben, so wie wir es kennen, weit übertrifft und so gänzlich verschieden davon ist, daß es wirklich eine Verneinung desselben zu sein scheint, eine Glorie von sinn- und zweckvollem Leben im Vergleich zu dem dieses unser Leben nur wie blindes Kriechen dunklen Wegen entlang erscheint. Denn das ist wahrhaft Leben und das ist Wirklichkeit, soweit wir das jetzt erfassen können; trotzdem bezweifeln wir nicht einen Augenblick, daß sich über dieser unbeschreiblichen Herrlichkeit noch größere Herrlichkeiten ausdehnen, die diese noch übertreffen, so wie jene dieses dunkle Erdenleben. Dort ist alles Gott, und alle jene erhabenen Wesen sind augenscheinlich große Offenbarungen von ihm; und so fest ist diese Überzeugung im Bewußtsein des Menschen eingeprägt, so sehr wird es ein Teil von ihm, daß er es bei einem abermaligen Herabsteigen in die physische Welt dieses leidvollen Sterns nicht vergessen kann, sondern künftighin immer den göttlichen Funken selbst in der unscheinbarsten Umgebung erblickt. Hier unten ist er oft so schwer zu erkennen; wir müssen so tief graben, um ihn zu finden. In jener geistigen Welt liegt er selbst leuchtend vor uns, und wir wissen, weil wir es so sehen, daß dort nichts ist als Gott — in allen Welten nichts anderes als göttliches Leben. Denn in dieser Welt ist der Mensch selbst ein Gott unter Göttern geworden; ein kleineres Licht unter größeren Lichtern und doch in der

Tat eine glanzvolle Welt, wenn auch in so viel geringerem Maße, als die Meister oder die grossen Devas oder jene mächtigen Geister, die die Schicksale der Menschen und Welten in Händen halten. Wir schauen dort von Angesicht zu Angesicht alle jene großen Wesen, von denen wir hier unten hören und lesen, und von denen wir uns mitunter schwache Vorstellungen machen. Dort sehen wir mit offenen Augen die Schönheit, von der wir hier unten nur den schwächsten Widerschein erfassen können. Dort hören wir die herrliche Sphärenmusik, von der nur gelegentliche Echos in dieser niederen Welt unser Ohr erreichen.

Wahrlich, so schrecklich auch der Herabstieg von jener Welt zu dieser ist, so kann doch einer, der einmal jenes Bewußtsein berührt hat, nie mehr derselbe sein, der er vorher war. Er kann inmitten der Dunkelheit und des Sturmes nie ganz vergessen, daß seine Augen den König in seiner Herrlichkeit geschaut haben, daß er das weit entfernte Land erblickt hat, das doch zu gleicher Zeit so nahe ist, ja sogar vor unseren Türen, die ganze Zeit über so wirklich nahe, wenn wir nur den Gott in uns so weit entwickeln wollten, daß er mit dem Gotte außer uns in entsprechendem Einklange stehen kann.

"Das Land, das so weit entfernt ist", von den

Tagen unserer Kindheit an sind uns diese Worte vertraut, und unsere Ohren vernehmen sie mit all dem Zauber heiliger Vorstellungen und Erinnerungen, die wir daran knüpfen; doch es ist eine fehlerhafte Übersetzung des hebräischen Originals, und vielleicht ist die wirkliche Bedeutung des Textes noch weit schöner und entsprechender, denn der Ausspruch, den Jesajas gebraucht, ist "das Land mit den weiten Entfernungen", als ob er in seiner Seele die glänzende Weite des sternenbesäten Himmelsraumes mit der widrigen Enge der dichtgehäuften Höhlengänge auf dieser Erde vergleichen wollte. Und doch selbst hier, eingeschlossen in tiefste Materie, können wir unsere Gedanken zur Sonne erheben; denn wenn wir einmal die Wahrheit kennen, hat uns die Wahrheit befreit. Wenn wir einmal unsere Einheit mit Gott verwirklicht haben, kann uns keine Dunkelheit mehr beschatten, denn wir wissen, daß Er Licht vom Lichte ist, der Vater allen Lichtes, in dem weder Veränderlichkeit ist noch das geringste von einer Krümmung, und in Ihm ist kein Raum für Dunkelheit.

All diese Erkenntnis und all diese Herrlichkeit ist in eurem Bereiche und muß im Laufe der Entwicklung unfehlbar zu jedem von euch kommen, so sicher, als der Tag der Nacht folgt. Es übersteigt jetzt alle Worte, alle Gefühle, ja sogar eure Intuition. Aber die Zeit wird kommen, da ihr erkennen werdet in gleicher Weise, wie ihr jetzt von ihm erkannt werdet. All das werdet ihr im Laufe der Zeiten naturgemäß erreichen (in der siebenten Runde, wie wir gesagt haben), sogar dann, wenn ihr euch nur so treiben laßt, ohne eine Anstrengung zu machen; aber viel früher, wenn ihr bereit seid, Mühe und Arbeit zu dessen Erreichung auf euch zu nehmen — harte Arbeit, es ist wahr, jedoch edle Arbeit, die in der Ausführung Freude bereitet, wenn sie auch zeitweise viel Leid mit sich bringen mag. Ist doch der Weg dazu ein Weg des Dienens, und jeder Schritt, den du unternimmst, wird nicht für dich gemacht, sondern für andere, daß durch deine Errungenschaften andere erringen, daß durch deine Bemühungen andere den Pfad finden mögen, daß durch den Segen, der dir zuteil wird, die ganze Welt gesegnet werde.